U0857077

蔡志忠 著

开悟者的微笑

中国出版集团 现代出版社

目录

序

学佛的目的是什么？

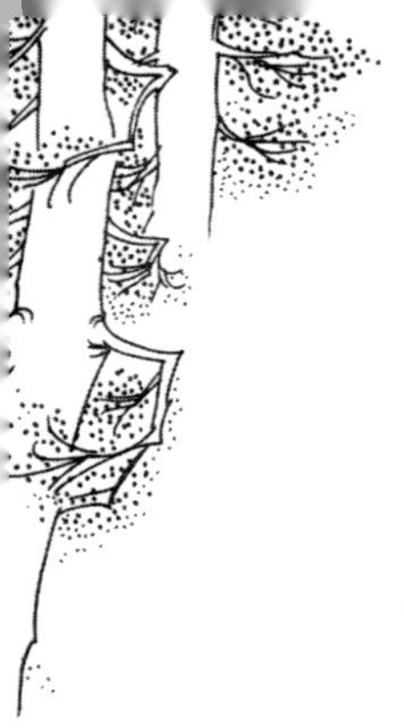

公元 527 年梁普通八年九月二十一日，菩提达摩乘船从广州上岸来到中国。那时中国的梁武帝是个非常喜欢佛法的皇帝，平时经常着佛衣，吃斋念佛。

同年十月一日，达摩受梁武帝之邀来到当时的都城南京。

梁武帝说：“我自即位以来，供养佛僧，建佛寺，抄佛经无数，究竟有多大功德？”

达摩说：“毫无功德可言！你所做的只是世俗果报而已，谈不上真功德。真功德是圆融纯净智慧，本体空寂，不可能用世俗方法得到它。”

其实不只是梁武帝误以为供养佛僧，建佛寺，抄佛经可以得福报，当时很多佛教信徒也是如此。

《太平广记·报应》篇里，收集了两百多则诵唱佛经能消灾解厄的灵验故事。

弘明和尚诵《法华经》

南齐和尚弘明到山阴云门寺出家，他忠贞吃苦守戒律，整日诵读法华不停，因而感动了天童子，每天早晨水瓶自然而满。他每天天亮前打坐，老虎常趴在室内陪他坐禅。

念《金刚经》解厄

北魏国子博士卢景裕，注解《周易》《论语》。他也信奉佛教，跟兄长一起念经拜佛。

节闵帝初年，乡人反叛，逼他一起对付西魏，后来被捕押于晋阳监狱。卢景裕诚心念《金刚经》，结果枷锁自己脱落，时任宰相的齐神武帝高欢，特意宽恕了他。

学佛参禅不是为了天堂移民

唐朝诗人白居易是弥勒信徒，一生信仰佛教，从他的《答客说》诗中可知，他希望死后转世到兜率天为弥勒佛前弟子。

吾学空门非学仙，恐君此说是虚传。

海山不是我归处，归即应归兜率天。

苏东坡一生信佛，也虔诚信西方极乐世界。绍圣元年，苏东坡被宋神宗由定州贬为海南岛太守，他带着道潜禅师所送的阿弥陀佛画像随行。

有人问他说：“为何带阿弥陀佛画像？”

苏东坡说：“这是将来我往生时，进入西方净土的通行证。”

苏东坡临终前，对三个儿子说："我一生诸恶不作，死后必到西方净土，你们不用替我落泪伤心。"

佛不是站在对面，我们所企求的对象，而是我们要通过修行，使自己成为佛。

直到今天，还是有很多人念经拜佛，捐款给佛教团体，是希望自己能获得菩萨保佑，为了自家利益。

我画了很多漫画佛经与禅宗故事，有很多人问我学佛参禅的要领。

通常我会直截了当地问他："你学佛的目的是什么？"

一般而言，大都跟梁武帝、白居易、苏东坡的境界一样，信佛礼佛是为了此世能得福报和死后能到西方净土。

我说:“学佛不是做生意,投入成本希望能获利。学佛的目的是使自己成佛,而不是为了死后能往生西方极乐世界。”

学佛的目的是什么?学佛不是为了死后上西方净土,人生的一切苦难大多是产生于我们的那颗心!

修行最主要的功课是:心的调伏。

学佛的目的是:通过观照自己的心,使自己成为身的主人、成为心的主人。

自古以来,很多宗派修行的目的不是为了利己,伊斯兰教苏菲苦行教派的观念就很正确。

一个苏菲对上天祷告说：“主啊！如果我崇拜你，是由于惧怕地狱，就把我投入地狱吧。主啊！如果我崇拜你，是由于渴望天堂，就拒绝我进入天堂。”

苏菲教派的著名学者哈拉智说：

我即我所爱，所爱就是我；
精神分彼此，同寓一躯壳，
见我便见他，见他便见我。

犹太教圣典有一则故事：

神对信徒说：“我有四个小孩，你也有四个子女。”

信徒问：“什么是我的四个子女？”

神说：“你的四个子女是儿子、女儿、男仆、女仆。

我的四个小孩是寡妇、孤儿、异乡人、僧侣。”

信徒说:“是的,我的主。”

神说:“我会照顾你的子女,请你也替我照顾我的小孩。”

信徒说:“是的,我的主。”

日本有位桃水禅师,他晚年不住寺院,也不接受供养,只以酿醋为生,终日混迹乞丐之中。

有一天,乞丐朋友送他一张阿弥陀佛像,禅师将佛像挂在墙上。

桃水禅师说:“阿弥陀佛啊,我房子窄,只能将你当作过客暂居在此,我可不是求你助我往生极乐国土呀！”

信仰不是商场投资做生意，真正的崇拜不是为了利己。

学佛修行不是为了死后来世，而是为了这辈子的此时此地。

过去七佛对佛弟子的共通教诫讲得很清楚，扬州高旻寺的大雄宝殿门口四根大柱上明白地写着这十六个字：

诸恶莫做
众善奉行
自净其意
是诸佛教

人生的一切苦难大多是产生于我们的那颗心!正确学佛的目的应该是:透过佛陀所教导的方法修行,远离痛苦烦恼和贪嗔痴三毒,悟通生命的实相,而达至智慧彼岸的无苦境界。因此佛教可以说是“心的调御”之教。

修行主要功课是:自净其意,心的调伏。

学佛的目的是:通过观照自己的心,成为身心的主人,当家做主。

学佛除了不要干坏事要做好事之外,最重要的是改变自己过去不正确的习性和错误的观念,净化自己的心,不受红尘世间的诱惑;处于任何情境,心都如同潭面不因为月影穿潭底而波动。这样一来,我们面对任何际遇时都能办到:

风来疏竹，风过而竹不留声；
雁渡寒潭，雁去而潭不留影。

学佛修行真正的目的，是为了使我们能成为身心的主人，不再被生活周边事物所影响，而达到唐朝懒瓒禅师的境界：

世事悠悠不如山丘，卧藤萝下块石枕头；
不朝天子岂羡王侯，生死无虑更复何忧。

让我们倾听寂静彼岸的开悟者所传来的歌唱：“我成为自己身心的主人，不再为红尘俗世的贪欲渴望所左右，我是自己的主，我掌握自己的心和自己的身，走出自己的人生之道。”

禅的由来

东汉时白马驮经，佛教东传中土之后，一直是中国主要信仰。六朝时期晋室南迁，避乱江南的士大夫把崇尚佛学、老庄的清谈之风带到江南。很多僧人都是般若、老、庄一起谈，思想上基本不分彼此。

禅在印度原本只是打坐的禅那，中国禅宗是天竺僧人与中土修行僧众和道家居士们相互激荡所创出的，因此禅宗内含很多老庄思想；佛学与道家心灵相遇，成为新奇、独特的学派。禅宗犀利的机锋问答，也很像六朝清谈。

描述六朝清谈的《世说新语》1128则故事中，很多充满禅趣，如禅宗公案：

支道林爱马

高僧支道林养了几匹马。

有人问他："和尚养马不太好吧？"

支道林说："世人爱马的形体，我爱的是马的神骏。"

既无文殊，谁能见赏

高僧支道林写《即色论》，写好之后拿给北中郎将王坦之看。王坦之一句话也没说。

支道林说："你是默记在心吧？"

王坦之说："既无文殊菩萨在此，谁能赏识我的用意呢！"

上人当是逆风家

有位从北方过江来的和尚很有才思，他和支道林和尚在瓦官寺相遇，两人一起研讨小品经。

竺法深和尚、孙兴公也去听。这位北方和尚屡次设下疑难问题，支道林答辩分析透彻，言辞气概爽朗，这位和尚总是被驳倒。

孙兴公问竺法深说："上人应该是顶风上人士，为何一句话也不说？"

竺法深笑笑，没有回答。

支道林说："白檀香并不是不香，但逆风怎能闻到香呢！"

支道林买山

高僧支道林托人跟竺法深买岬山。

竺法深回答说：“没有听说巢父、许由买山来隐居。”

陶练之功不可诬

佛经认为摆脱烦恼、修炼智慧，就可以成佛。

简文帝说："不知是否就可以达到最高的境界？然而，道家陶冶锻炼的功效，还是不可以抹杀的。"

圣人有情不？

僧意住在瓦官寺，王荀子到来，和他一起谈玄理，便让他先开个头。

僧意问王荀子：“佛有感情没有？”

王说：“没有。”

僧意又问道：“那么佛像柱子一样吗？”

王说：“佛犹如筹码，虽然没有感情，可是使用它的人有感情。”

僧意又问：“谁来使用佛呢？”

王荀子回答不了就走了。

桑榆之光无远照

惠远和尚住在庐山，虽年老还不断宣讲佛经。

弟子中有人不肯好好学。

惠远说："我像落日余晖，照不长久，你们像早晨阳光，应该越来越亮呀！"

于是拿佛经登坛，诵经响亮流畅，言辞神态恳切。高足弟子都肃然起敬。

廉者不求，贪者不与

庾法畅有一把名贵拂尘，常常随身不离，有一天他带着拂尘去找庾亮。

庾亮问："这么好的拂尘怎会一直留在你身上？"

庾法畅说："不贪心的人不会跟我要，贪心的人我不会给他，所以一直留在我手中。"

这则故事跟禅宗赵州公案很像：

有一位秀才住在寺中读书，自以为聪明，常以禅机和赵州禅师论辩。

有一天秀才问禅师道："佛陀慈悲，普度众生时总是恒顺他的心愿，不违众生所求，不知是不是如此？”

赵州禅师回答说：“是的！”

秀才又说：“我很想要禅师您手中那根拄杖，不知是否可以满愿得到？”

赵州一口拒绝说：“君子不夺人所好的道理，你懂吗？”

秀才机辩道：“我不是君子。”

赵州说：“我也不是佛。”

武帝问达摩

公元527年梁普通八年，
菩提达摩和尚坐船来到中国。
九月二十一日，他在广州上岸。
这时中国的梁武帝是个非常喜欢佛法的皇帝，平时经常着佛衣，吃斋念佛。

同年十月一日达摩受梁武帝之邀到达首都南京。
我自即位以来，供养佛僧，建造寺庙，抄写佛经，这究竟有多大功德?
这根本没有功德可言。
你所做的只是一点世俗的小果报而已，谈不上真功德。
真功德是最圆融纯净的智慧，它的本体是空寂的，你不可能用世俗的方法去得到它。
十月十九日，达摩自知跟梁武帝法缘不合，就从梁渡过长江进入北魏。
天竺来的高僧现在住在哪里?

他渡江到
北魏去了。
他是什么人呢？
他就是传佛心
之印的观世音
菩萨。
陛下真是见其人而没
能看见，会其人而没
能会见。
我确实是见其人而不
能见，会其人而不能
会啊……
派赵光文到长江对
岸追达摩祖师吧！
没有用啊……即
使全国人去追，
他也不会回来的。

达摩渡过长江，便到
河南的嵩山少林寺。
他整天面壁而坐，精
神集中，
屏息诸缘。

日近日远
晋明帝小的时候，坐在元帝膝上……
你知道长安和太阳哪个比较远?
太阳远啊!
为什么?
只听有人从长安来，没听过有人从太阳来的。
第二天，元帝集群臣宴会，把昨天的故事说了一遍。
你说太阳和长安哪个比较近?
太阳比较近。
你怎么说得跟昨天不同?
我抬头就能看到太阳，却看不到长安啊。

为卿作驴鸣
啡
孙子荆因为自己有才华，很少佩服别人，一生只佩服王武子。
王武子去世，当时的名士都来吊丧，孙子荆后到，临尸恸哭，赴客为之挥泪。
生前你喜欢听我学驴叫，现在我为你再学驴叫一声。
啡！
可恨天让你们活着，而叫这个人死去！
哈哈！
嘻嘻
嘻嘻

什么是禅？

2500年前，佛陀在灵鹫山为大众说法，他拿出一朵莲花示众，一言不发。众人皆困惑不解，只有迦叶尊者会心微笑。

佛陀于是对众人说："我有照见真理的法眼，体证涅槃的妙心，证悟最后实相的法门，那是不立文字和教外别传的，现在我把它传给摩诃迦叶。"

于是迦叶成为禅宗的初祖，拈花微笑便是禅宗的起源。禅来自于美丽传说，禅宗在一花一笑间诞生了。

禅是独觉

当初佛陀最重要的两位弟子：独觉第一迦叶、声闻第一阿难。

声闻即观经、闻佛说法，依佛陀的真理而行。独觉即亲身体验佛陀的教导，独自修行，如同森林中闯荡的犀牛一样勇猛。

读万卷书、不如行万里路，
行万里路、不如阅人无数，
阅人无数、不如高人点度，
高人点度、不如自己顿悟！

正确的答案有两种：一种来自于闻法得知，一种来自于自己体悟。

声闻读万卷书，得高人点度。但真正明白生命的真理，唯有亲身顿悟，独觉第一迦叶即是禅宗西天二祖。

什么是禅？

弟子问："什么是禅？"

禅师说："禅是通过生活的实践，获得真切活在世间的智慧。"

弟子问："什么是坐禅？"

禅师说："面对情境心念不起，名为坐；内见自性如不动，名为禅。"

弟子问："什么是禅定？"

禅师说："外离相名禅，内不乱为定。见一切诸境，自心不乱，才是真定。"

禅是佛教的神秘主义

每个宗教，都会孕育一批神秘主义者。

神秘主义讲求亲身经验的主张，不经由教会、祭祀、律法，而直接与神接触及融合为一的悟道传授方法。

例如基督教的灵智主义、犹太教的卡巴拉、伊斯兰教的苏菲苦行教派。

佛教的神秘主义则是禅宗。

禅，不是知识，不是宗教，不是哲学，不是科学，不是心理学。

禅讲求顿悟，修行者观心静虑，通过自己的亲身体验，觉悟出无我境界之妙，体悟出生命的真如实相。

顿悟即是猛然悟通豁然开朗，完全明白生命的真实意义。

如果你问："禅说什么？"
表面上它什么都没有说。

如果你说："禅什么都没说。"
实质上它什么都说了。

自无始以来，禅存在于无涯的时空之中。世间随时随处都能见到禅，问题在于我们能不能体会。

无论是哲学、佛学、禅学，所谈的都是人生悟道之学，攸关每个人自己的一生大事！

人生之前从何而来？

死后将会从何而去？

禅，是最大的天启。

人一生中最重要的觉悟！

一个人到了四十岁还没有觉悟，如同死亡！

每个人在自己的一生中应该要想通这辈子的人生之路要怎么走、怎么过？悟通自己的人生目的然后依实行进。

禅宗悟道的方法是：看透一切，包容一切，以喜悦的心去看事物的本来面目。

禅宗悟道的微妙法门是超越文字、语言、数理，不能用逻辑思考，而是用体会才能了解领悟的。

禅宗以心为宗

禅就是我们的心，
心就是禅的体。

洞见心的本性，
即得禅的精髓。

禅宗不鼓励诵经、礼佛，而是把佛陀的思想直接实践于生活的每一细节里。

禅不落入无谓的经论、空谈，它只能通过切身的实践才能领会。

学禅、打坐、修行不是为了获得，而是要舍去一切过往的错误观念、认知。

禅，不说生之前，不说死之后；不说过去，不说将来。它最重要的法门是观察：

此时、此地、此刻、当下、刹那、瞬间！

生命是件很奇妙的事！无论我们的一生有多长，我们永远只能兑现：此时、此地、刹那、当下、瞬间的一微小切片时间。我们不能让时间回头，也不能让时间快速走。

我们唯一能够做的就是：“把握任何当下，为自己负责！”

禅就是生命的态度

人生之前从何而来？

死后将会从何而去？

这些与人生无关的无谓问题不是哲学、佛学、禅学所关心的主题，活着的每个当下才是生命的重点。

无我

禅是由一颗没被污染的心，与纯净的宇宙真理产生共鸣！

顿悟的觉悟者霎时完全明白生命的真谛是：我们唯有达至无我的状态，才能真正融入于生命；我们只能在自我完全消失之时，才能达至最高的喜悦。

禅宗传承与众不同：

不立文字，教外别传。

直指人心，见性成佛。

不立文字

一个人饱读经书，而不去实行，

只是一头背着大捆经典的驴子。

禅宗讲求实践不重视言说，

禅不依据固定的佛教经论。

禅宗的本源，是佛的正觉，不在语言文字上，领会正觉的意义。禅是活生生的体验，不存在任何的言语文字中。

教外别传

禅宗是创造性的宗派，它不依据固定的经论，没有复杂的思想体系，没有神秘的宗教仪式。是经论言教以外的另一传承，即“教外别传”。

直指人心

内见自性不动，名为禅。

见则直下便见。拟思即差。

禅宗是直指人心、明心见性。

见性成佛

禅不是通过讲经说法传道，

禅以个人觉悟为首要任务。

禅，不往外寻求，

而是用己心与真理相通，

使自己成为身心的主人。

借教悟宗

禅，借教悟宗。

就是透过佛陀的言教，

悟通禅宗的根本要义。

以一跃而入直截了当的方式，

直接传承佛陀心髓达至开悟。

自古以来，很多人离开他的家园亲人，遁入佛门去参禅。他们不惜费那么大的工夫去钻研参究，究竟是为了什么？悟道之后又会得到什么？

如果我们拿这问题去问了悟生命实相的禅师们，通常他们会回答说：“无！”

无我、无我所

“迷时三界有，悟后十方空。”

觉悟者们身处于真空无想、无念、无心、无我的寂静境界。但平凡的凡夫们如何才能悟得“空无”的最高境界呢?

将追求一切有，转为舍去一切积习。抛去“这是我，这是我所有”的观念。

空境

天空一无所有，天空之奇贵，也正因一无所有可容纳天下万物。

心也应该如此，纯净的心包容一切，但无任何尘世杂质。

用心若镜

如何降伏我们的心，
令它不产生无谓的妄想、妄念?

最好的办法是：让我们的心跟镜子学习，一面镜子可以照映无穷多次而不破、不坏。

因为镜子不思过去、不思将来，镜子永远只反映现在。我们的心也可以达到镜子的境界。如果把心当成镜子一样使用便是心的正确使用方法……

事情还没来时不期待，
事情去了不追悔，
事情发生之时完全如实反映，

因此可以照映无限次数都不会损伤分毫。

什么是“空”的最高状态？

眼生时无有来处，眼灭时无有去处：如是眼不实而生，生已尽灭、有业报而无作者。

当我们遭遇任何情境时不要想它怎么来，也不要想它怎么去。

只有参与情境变化的行为，
而没有参与行为的那个“我”存在。
这便是“空”的最高状态。

变化才是宇宙实相

一切因缘生、一切因缘灭。

一切事物皆依因缘生、依因缘灭的道理是永远不变的。因此变异、无常，是宇宙中永恒不变的真理。

诸行无常，是异变法。

凡是存在的，必然会变异。凡是不变的，必然不存在。

一切都是因缘

我们的身体是由父母的缘而生出，心也是依经验、知识、想法培育而成。因此身、心都依因缘而成立，依因缘而变迁。

花开、花落、吹风、下雨，
一切都依因缘生，依因缘灭。

一切因缘灭

人的痛苦是有原因的，

人的觉悟解脱也是有道可循的。

苦生、苦灭，一切都是：

依因缘而生，依因缘而灭。

一切皆因为执着

人的忧愁、悲伤、郁闷、痛苦等烦恼，是由何而起呢?

这些都是由于人的“执着”而生。

执着于财富、名位、快乐、自我优越等，
于是才产生痛苦、烦恼。

痛苦来自：一切不如实知

人由于一切不如实知，乃生“无明”，无明即是不明事理实相。

于是有着诸多我执、贪欲、执着。执着产生了烦恼、痛苦，如果我们能拔除我执，一切烦恼痛苦自然消逝无形。

无明和贪爱

执着，缘起于人们心中的无明和贪爱。

无明，就是一切不如实知，不知道一切事物都是变异、无常性。

贪爱，是贪婪于自己得不到的东西，生起执着爱慕。

一切本无差别

一切事物原本无所谓好、坏、善、恶的差别。是人站在自己的立场由于无明、贪爱的作用，才自己分出际遇的好坏差别的。

人常兴起错误的念头，这是由于内心的愚痴执着自我，乃造成行为乖张和迷惑之身。

一切苦缘胆心

以业为田，以心为种子，无明之土滋以贪爱之雨，灌溉自我之水。于是不正当的见解日益增长，结果产生了迷惑之身。

这个充满悲苦、烦恼、迷惘的世界，缘起于我们的这颗心。

人决定自己的天堂地狱

迷乱的世界，无非只是心所反映显现出的影子，而觉悟的世界同样也是由心所显现。

我们的心决定我们所处的境界，

我们的心决定我们的天堂、地狱。

禅宗的传承

祖师西来，驻锡少林传承禅宗，

少林寺成为禅宗祖庭，天下第一名刹。

中国的禅宗是由少林寺开始展开！

二祖慧可

梁武帝大通元年十二月九日，有位名叫神光的禅僧为了求法，就通宵站在洞外不动。

达摩问：“你一直站在雪中，究竟有什么心愿？”

神光说：“但愿师父打开甘露之门拯救众生，请教我佛法吧。”

达摩说：“诸佛为求无上的悟道，不惜花费无限时间去修行。你凭极小的决心来求大法，我想你是很难如愿的。”

“哇——”神光为了求法，竟然拿刀砍了自己一条手臂。

达摩说：“诸佛为求法，不把身体当身体，不把生命当生命。你断臂求法也是一种很好的行为。”

神光说：“请师父为弟子安心。”

达摩说：“你拿心来，我将为你安心。”

神光说：“我已寻了很久，可是找不出心来。”

达摩说：“假如你能找到的话，那又怎能算是你的心呢？我已经给你安好了心，你现在明白吗？”

神光说：“明白了！”

达摩说：“诸法本空寂，因此菩萨才不动念，不动念才能登涅槃之岸。”

于是达摩师祖就收神光为弟子，并替他改名为慧可。

慧可得髓
公元536年，达摩觉得应该离去了，便召集弟子。
你们谈谈自己的悟境吧。
我们应该不执着文字，也不舍弃文字，要把文字当作一种求道的工具来运用。
你只得到我的皮。
依我所了解的，就像庆喜看到了阿閦佛国，一见便不再见。
你只得到我的肉。
地、水、火、风本来是空的，眼、耳、鼻、舌也非实有，整个世界没有一法存在。

你只得到
我的骨。
最后轮到慧可，他
向达摩行了一个礼，
便站着不动。
哈哈
哈哈！
你已得到
了我的髓。
于是，慧可便成为禅宗的二祖，
接续达摩祖师广度众生的工作。

三祖僧璨

公元559年，有位居士来膜拜慧可大师。

居士说："我大概是前世作孽，才为风疾所苦，请大师为我忏悔！"

慧可说："你把罪拿出来，我替你忏悔。"

居士说："我找了半天，却找不到罪。"

慧可说："我已经替你忏悔完毕，现在就请你皈依佛、法、僧三宝。"

居士说："我拜见大师算是知道了僧，但不知道什么叫佛和法。"

慧可说："心就是佛也是法，佛和法并无差别。明白了，罪这种东西既不在内，也不在外，更不在中间。我收你为徒，传你正法眼，替你命名为璨。"

僧璨后来继承了慧可，成为禅宗的三祖。

四祖道信

僧璨大集众生，广施正法之雨，这时有位少年僧侣前来膜拜。

少年僧侣问:“什么心才算是佛心？”

僧璨说:“你现在的心是什么心？”

少年僧侣说:“我现在没有心。”

僧璨说:“连你都没有心了，佛又如何能有心呢？”

少年僧侣说:“但愿师父能指示一条解脱的法门。”

僧璨说:“谁绑住了你？”

少年僧侣说："没有人绑住我。"

僧璨说："既然谁也没绑住你，那你就是已经解脱，为何还要求解脱法门呢？"

这位僧侣当下大悟，他就是禅宗的四祖道信。

五祖弘忍

弘忍小时候家里很穷，母亲带着他到处行乞，他七岁时在路上遇见了四祖道信禅师。四祖发现这孩子骨相奇特，感叹道：这不是个平常的孩子，如果他出家修道，二十年后，必能继承佛法慧命。于是问小孩说：“你姓什么？”

小孩道：“我有姓，但不是普通的姓。”

四祖问：“不是普通的姓？是什么姓？”

小孩道：“是佛性。”

四祖又问：“你难道没有姓吗？”

小孩道："姓氏只是一时假名，其性本空，所以说无姓。"

四祖知道这孩子是个法器，请求他母亲让孩子出家，弘忍的母亲把孩子舍给四祖做弟子。四祖遂给他起了法号"弘忍"。

四祖道信传五祖，再由五祖将衣钵传给六祖惠能。

六祖惠能

六祖惠能可称为中国禅的师祖，由他展开了生气蓬勃的中国禅宗。

菩提本无树，明镜亦非台。
本来无一物，何处惹尘埃。

禅宗一脉相传到六祖慧能时，达到最兴盛的高潮。六祖惠能是个不世出的天才，他的思想言行被弟子编成了《六祖坛经》。《六祖坛经》的每一言、每一字、每一句都像活泉所喷出的泉水一样清新入骨。

六祖慧能的弟子们一花开五叶：曹洞宗、沩仰宗、临济宗、云门宗、法眼宗五个宗派传承到后世花开遍地，印证了达摩祖师所说“吾本来滋土，传法救迷情，一花开五叶，结果自然成”的预言。

佛

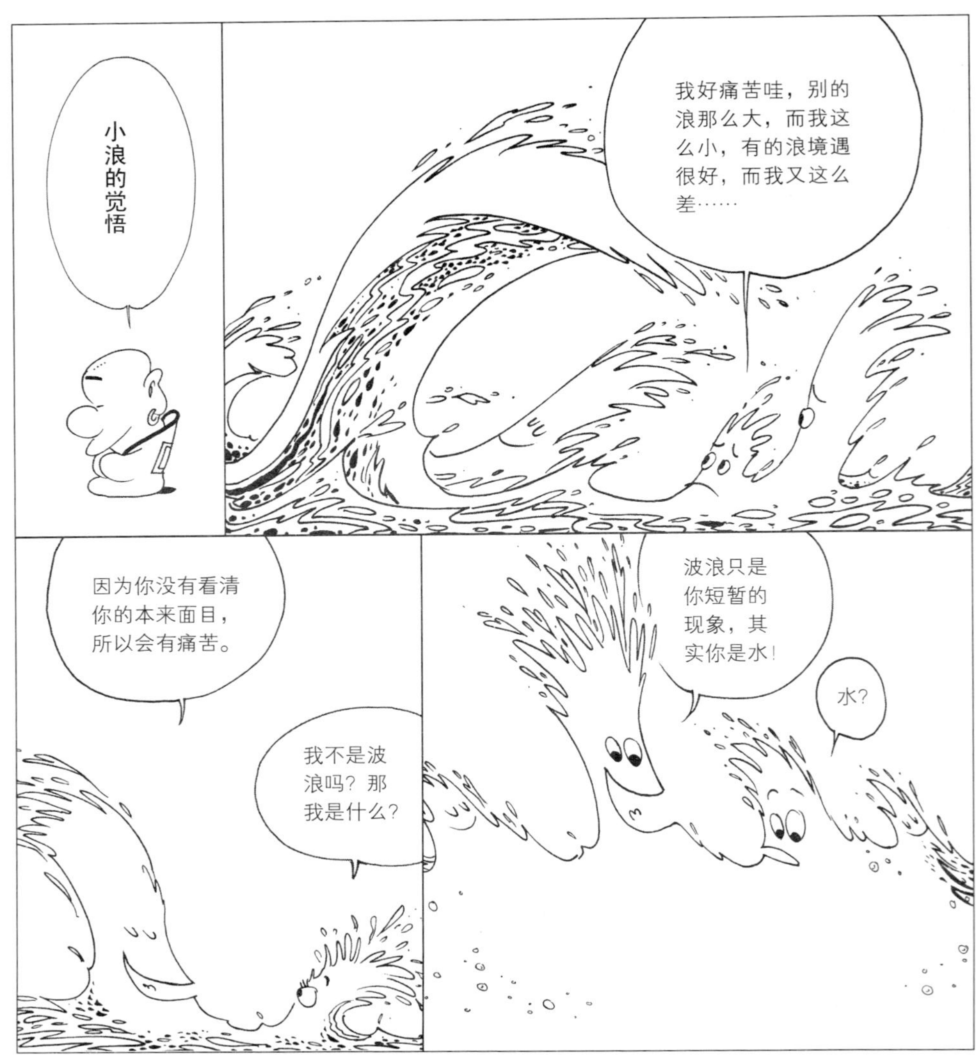
小浪的觉悟
我好痛苦哇，别的浪那么大，而我这么小，有的浪境遇很好，而我又这么差……
因为你没有看清你的本来面目，所以会有痛苦。
我不是波浪吗？那我是什么？
波浪只是你短暂的现象，其实你是水！
水？

当你认识清楚你的本体是“水”的时候，你就不会再为波浪的形体所迷惑，你就不会痛苦。
我明白了！我就是你、你也是我，你我同为一个大我。
人会有痛苦是因为没有悟通人的本来面目是什么……人很自私以为自己是自己的，于是就与别人有所比较，于是就有痛苦，其实人是大自然的一分子，想想……
杯茶禅理
一位学者向“南隐”问禅，南隐以茶相待。

他将茶水倒入杯中，茶满了但他还是继续倒……
师父，茶已经漫出来了，不要再倒了。
你就像这只茶杯一样，里面装满了你自己的看法、想法。你不先把你自己的杯子空掉，叫我如何对你说禅？
是。
心中有自己的成见，就听不见别人的真言。两人对谈，多数人急着表达自己的意见，结果听到的除了自己的声音以外，什么都不曾得到。
和尚抱女过河
坦山和尚与一年轻和尚走在路上，看见一位漂亮的女孩过不了河。
我抱你过河。
师父，谢谢您了，再见！

他俩继续走了
半天路程……

我们出家人不是不
近女色吗？刚才你
为什么要那样做?
哦！你说那个女人
吗？我早就把她放
下了，你还抱着吗?
!

渡人过河的，心中并没有
抱持着女色，坦坦然无牵
无挂。一直抱持着女色的
不正是那个小和尚吗?

禅七不语戒

四个学僧互相约定：
静默打坐七天中不
得开口说话。

头一天他们都静默不语，
但到了深夜，烛火忽明忽暗……

啊！火
要熄了。

我们应该一言不发的呀!
你们为什么要讲话呢?
!
哈哈哈哈，只有我没有讲话!
!
!
很多人在告诫别人，指正别人的错误时，很可能自己也正抱持着“错误”。
一丝不挂
如果能做到心里一丝都不挂，如何?
不挂什么?
不挂一丝。

这不是又
挂了吗？
!
一丝不挂应连一丝不挂的想法都要从心中扫除。佛不固执于“佛”时，佛就自能显现。唯有这样才能把握禅的真理。
好雪片片
不落别处
庞居士访药山和尚，告辞时，药山请禅客送他出门。
你们替我
送客吧。
是。
!
好雪片片，每片都落
到该落的位置……

落到哪里?
像你这样“眼明而瞎，能言而如哑”也敢称禅客?
天下万物，
无论巨细贵贱，
皆有其容身处，
各有各的位置，
恰到好处，
若问为何，
本来如此!
人心不足
有一农夫，在山野中挖到一座价值连城的金罗汉。
哇!金罗汉!

最少由一百斤的金子打造的呢。
哈哈哈，我们这一生都可吃喝不尽了！
他的家人和亲友都很为他高兴。
可是农夫却闷闷不乐，整天愁眉苦脸地坐着沉思……
富不富有，不在于金钱的多寡，而在于知足不知足。
忧愁啊……
你已成千万富翁了，还有什么事好忧愁的呢？
因为我不知道另外的十七座罗汉在哪里。
谁来教化你
有人问一位禅师：
和尚百年后向何处去？
为驴为马。
然后呢？
我入地狱。
和尚是大善之士，怎么会入地狱呢？

我不入地狱，
谁到地狱教
化你呢？
如果只把佛供奉于清洁地方，那么像污秽的厕所即无佛存在吗？佛是无所不在的，天堂有佛，但是地狱不正是更需要佛的地方吗？
佛
穿衣吃饭
即是修行
修道的人
是什么样
的人呢？
就像我。
大师也要
修行吗？
修行无外乎
穿衣……

吃饭。
这是日常琐碎的事情，究竟什么叫修行呢？
你以为我每天做什么呢？
修行即指从寒暄、洗脸、吃饭等细节都要诚心诚意，每日奉行，诚意地完成每件事而使之与真理产生共鸣。

3

禅故事

安禅不必须山水，

灭却心头火自凉。

禅师向来都是用隐喻来说法，用故事比喻真理。弟子听完，跟禅师抱怨说：“我无法理解您所说的意思。”

禅师说：“因为我拿出来的是一盒珍珠，而你所看到只是外表的盒子。”

弟子说：“老师，你何不直接告诉我们故事的隐喻？”

禅师说：“我给你一颗水果，但不能替你吃掉果肉。”

《景德传灯录》里有很多禅宗公案，由于故事里有很多禅宗术语，有些难懂，但禅趣往往就在这似懂非懂之间。

来去无常，何曾生灭

杜鸿渐当宰相时，有一次与保唐无住禅师在寺院里面论说禅道。

杜相国问："什么是不生不灭？"

这时，庭前树上有只乌鸦正在啼叫。

无住禅师问："你听到乌鸦的啼声吗？"

杜相国回答说："听到。"

乌鸦叫过之后飞走了。

无住禅师再问："现在你还听到乌鸦的啼声吗？"

杜相国说："乌鸦飞走了，听不到啼声了。"

无住禅师说："我还能听到乌鸦的啼声！"

杜相国问："乌鸦已经飞走了，为何你还能听到乌鸦啼声？"

无住禅师说："有闻无闻，非关闻性，本来不生，何曾有灭？"

杜相国说："是的，师父。"

无住禅师说："不随声生，不随声灭；悟此闻性，则免声尘之所转。当知声无常，闻无生灭，故乌鸦有去来，而吾人闻性则无去来。"

杜相国终于契入禅道，说："师父，我懂了。"

不明大事

洞山问僧人:“世间什么最苦?”

僧人回答:“地狱最苦。”

洞山说:“不对!”

僧人问:“那么什么才最苦?”

洞山说:“穿着僧衣而不明真理,才是最苦。”

平常心是道

有一天，赵州请教南泉："什么是道？"

南泉回答说："平常心是道。"

赵州不解其意，再问之："有目标可以遵循吗？"

南泉回答："如果你有目标就会产生偏差。"

赵州再问："没有目标会封闭意念，怎么看得到'道'呢？"

南泉回答说："道不在知或不知之间，知不知都着了物相，知的相是妄觉，不知是麻木。而平常心是道，是在简单朴实日常生活中体认到生命的真相。"

夜游

仙崖禅师的一位学僧经常晚上偷偷爬过院墙到外面去游乐，仙崖禅师夜里巡寮时，发现墙角有一张高脚的凳子，知道有人溜到外面去，他不惊动别人，就顺手把凳子移开，自己站在凳子的地方，等候学僧归来。

夜深时，游罢归来的学僧，不知凳子已经移走，一跨脚就踩在仙崖禅师的头上，随即跳下地来，才看清是禅师，慌得不知如何是好！

但仙崖禅师毫不介意地安慰道：“夜深露重不要着凉，赶快回去多穿一件衣服。”

全寺大众无人知道这件事，仙崖禅师从来也没提起，但从此以后，全寺一百多个学僧，再也没有人出去夜游了。

无心打无心

有一位官员到寺院游访，问禅师说：“出家修行念经持诵时，为何要敲打木鱼？”

禅师回答说：“告诫自己，要心如木鱼！”

官员说：“木鱼哪有心？”

禅师说：“对啊！这即是无心打无心。”

木鱼无心，击者以无我之心击无心。

两相无心，无所住而生其声：“空！空！空！空！”

心中的落叶

鼎州禅师与沙弥在庭院里经行，突然刮起一阵风，从树上落下了好多树叶，禅师就弯着腰，将树叶一片片地捡起来，放在口袋里。

在旁的沙弥就说道："老师别捡了，明天一早我会打扫的。"

鼎州禅师说："我多捡一片，地上便多一分干净啊！"

沙弥又再说道："禅师，落叶那么多，您前面捡后面又落下来，怎么捡得完？"

鼎州禅师边捡边说道："叶不只落在地上，落叶也落在我们心，我捡心中的落叶，终有捡完之时。”

沙弥听后，终于懂得禅者的生活是什么了。

岂曾混淆

有一位云水僧行脚时，路过一位老太太的庵前休息。

他问老妇人说：“师姑！这座庵堂除你之外，还有其他的眷属吗？”

老婆婆说：“有！”

云水僧问：“怎么没有看到呢？”

老婆婆说：“喏！山河大地，山河草木都是我的眷属呀！”

云水僧问：“无情不是有情，山河草木何曾是师姑？”

老婆婆问:“那你看我是什么人?”

云水僧说:“俗人!”

老婆婆说:“你也不是出家人!”

云水僧说:“师姑!你可不能混淆佛法。”

老婆婆说:“我并没有混淆佛法呀!”

云水僧说:“俗人主持庵堂,草木皆成道友,你这样不是在混淆佛法是什么?”

老婆婆说:“法师!你是男人,我是女人,何曾混淆?”

生活即是禅

有学僧问赵州禅师说："什么是道？"

赵州回答说："吃茶去！"

学僧问："什么是佛？"

赵州说："洗碗去！"

学僧问："怎么样才能找到自心？"

赵州说："扫地去！"

赵州禅师一碗茶，可以给你开悟，可以给你成佛作祖！因为除了生活以外，没有另外的禅！

方丈不是格言

有位和尚去请教赵州禅师，问道：“什么是师父最重要的一句格言？”

赵州说：“我连半句格言也没有。”

那人疑惑地说：“你不是在这里做方丈吗？”

赵州说：“是呀！我是方丈，我不是格言。”

石头在心外心内

清凉文益向桂琛禅师辞行，桂琛禅师指着庭院前一块石头，问文益说：“你知道三界唯心、万法唯识。请问这块石头是在你心中，还是心外？”

文益回答说：“在心中。”

桂琛说：“你这个行脚僧，为何心里要安一块大石头？”

清凉文益听了，当下开悟！

无生秘义

有一位黑氏婆罗门，双手举着两个花瓶前来献佛。

佛陀对黑氏婆罗门说：“放下吧！”

婆罗门便将左手的花瓶放下。

佛陀又说：“放下吧！”

婆罗门又将右手的花瓶放下。

但是佛陀还是对他说：“放下吧！”

黑氏婆罗门问佛陀说：“我已经两手空空，您还要我放下什么？”

佛陀说：“我不是让你放下手中的花瓶，我要你放下六根、六尘和六识。你将它们统统放下，便可超脱生死，超脱痛苦的轮回。”

黑氏婆罗门当下悟通了无生忍。

合一的瞬间

日本诗人芭蕉有首很著名的俳句：

万古长空，古池，
扑通一声响！
一蛙跳入水中。

此时此地主体客体、能知所知都不再区分，悟境就发生于这绝对合一的瞬间。整个宇宙迷雾，都在那只青蛙扑通一声跳落水中的那一瞬间，顿然烟消云散。

宇宙由因缘而生、因缘不再而灭。
如同青蛙跳入古池中，消逝不见。

谁不会打破碗？

有位老和尚有两个徒弟，大沙弥和小沙弥。

一日饭后，小沙弥洗碗时不小心打破了一个碗。

大沙弥立马跑向老和尚的禅房打小报告："师傅，师弟刚刚打破了一个碗。"

老和尚手捻佛珠，双眼微闭说："我相信你永远也不会打破碗！"

苏东坡的禅三阶段

翰林学士苏东坡因与照觉禅师论道，谈及情与无情，因而作未参禅前、参禅时、参禅悟道后三偈。

未参之前：

横看成岭侧成峰，远近高低各不同；
不识庐山真面目，只缘身在此山中。

参禅之时：

庐山烟雨浙江潮，未到千般恨不消；
到得还来别无事，庐山烟雨浙江潮。

悟道之后：

溪声尽是广长舌，山色无非清净身；
夜来八万四千偈，他日如何举似人？

苏东坡参禅三个层次，正如青原行思禅师说的参禅三个阶段。

他说：“参禅前，看山是山，看水是水；参禅时，看山不是山，看水不是水；参禅后，看山仍是山，看水仍是水。”

禅者经此三关，虽能开悟，但并非修证，悟是解，修属证，故禅者由悟起修，由修而证。如无修证者若遇承皓禅师此等禅宗大匠，对你大喝一声时，即瞠目结舌哑口无言了。

一堆粪

苏东坡到金山寺和佛印禅师打坐参禅，苏东坡觉得身心通畅，于是问禅师道："禅师！你看我打坐的模样如何？"

佛印禅师说："你像一尊佛！"

苏东坡听了非常高兴。

佛印禅师接着问苏东坡道："学士！你看我打坐的姿势如何？"

苏东坡嘲弄地回答说："看起来像一坨大便！"

佛印禅师听了也很高兴！

苏东坡以为赢了佛印禅师，佛印禅师被自己喻为大便竟无以为答，于是逢人便说："我今天赢了！"

消息传到他妹妹苏小妹的耳中。

妹妹说："哥哥！你输了！禅师的心中如佛，所以他看你如佛，而你心中像大便，所以你看佛印禅师才像大便！"

求人不如求己

佛印禅师与苏东坡同游灵隐寺，来到观音菩萨的像前，佛印禅师合掌礼拜。

苏东坡问佛印说：“我们求观音菩萨，为何观音菩萨也挂着一串念珠？观音菩萨在求谁？”

佛印禅师：“求观音菩萨呀。”

苏东坡：“观音菩萨求观音菩萨？”

佛印禅师：“观音菩萨比我们还清楚，求人不如求己。”

不要理他

寒山问拾得说："世间有人谤我、欺我、辱我、笑我、轻我、贱我、骗我，该如何处置乎？"

拾得回答说："忍他、让他、避他、由他、耐他、敬他、不要理他，再过几年你且看他。"

我不见了

一个和尚犯了罪，一位官差押解他去服刑。夜宿旅店，和尚买酒将官差灌得烂醉，于是便将官差的头发剃光，自己逃之夭夭。

官差酒醒后，到处找不到和尚，摸摸自己的头，发现是个大光头。

于是大叫说：“和尚倒是还在，但我自己跑哪儿去了呢？”

人生下来便是自己了，然而世间有多少人活得像这个官差一样，变成别人而找不到自己。

种兰不是为了生气

金代禅师是位养兰专家，有一天他出外游化，嘱咐弟子要把兰花照顾好。

弟子奉命每日为兰花浇水，由于不熟兰花特性，兰花都枯萎了。弟子们各个都很惶恐，只好等师父回来时再向他忏悔，请求处罚。

师父回山后，知道兰花枯萎了，便召集徒众，弟子们个个忐忑不安。

金代禅师说："我养兰是为了供佛，而不是为了生气，弟子们你们辛苦了！"

不懂佛意

有一位在家居士学问很好，要注解《思益经》，去见南阳忠国师。

南阳忠国师说：“你的学问好到可以注经了吗？”

说着说着，就叫徒弟端碗清水，放七颗米在里头，再放一双筷子在碗上，然后问道：“你晓得我现在要干什么吗？”

居士说：“我不懂你的意思。”

南阳忠国师说：“我的意思你都不懂，佛的意思你真的懂吗？”

芥子纳须弥

江州刺史李渤问归宗智常禅师说："佛经说，须弥山能纳芥子，这我没有疑问。但是又说芥子能纳须弥山。这不是胡说八道吗？"

归宗问："别人都说刺史大人读书破万卷，是真的吗？"

李渤说："是真的。"

归宗说："你的头大不过椰子，如何装进万卷经典？"

李渤无言以对。

无心则无过

有位居士在江边散步，看到船夫将沙滩上的渡舟推向江里，准备载客渡江。

此时刚好有一位禅师路过，这个居士于是一个箭步向前，作礼请示道：“请问禅师，刚才船夫将舟推入江时，将江滩上的螃蟹虾螺等压死不少，请问这是乘客的罪过，还是船夫的罪过？”

禅师回答说：“不是乘客的罪过，也不是船夫的罪过！”

居士不解，怀疑地问道：“两者都没有罪过，那么是谁的罪过呢？”

禅师两眼圆睁，大声道：“是你的罪过！”

过在有心

有一天盲尊者迦丘帕喇到祇树给孤独园向佛陀问讯。那天晚上盲尊者经行时意外踩死一些昆虫。

第二天早上，精舍的比丘发现昆虫尸体，认为盲尊者犯了戒，便向佛陀报告这件事。

佛陀首先问他们："是否亲眼看见尊者踩死这些昆虫？"

他们回答说没有。

佛陀说："正如你们没有亲眼看见他杀生，他也看不见这些昆虫；因为他没有杀生的念头，所以并没有犯戒。"

苍蝇无心

一只苍蝇飞到禅师鼻头上，
停了半个时辰，又飞走了。

弟子们说：“师父，你如何办到对苍蝇无动于衷？”

禅师说：“苍蝇无视于我的鼻子，我无视于苍蝇。”

无恶意则无过错，
苍蝇以禅师的鼻子为大地，
禅师以苍蝇为过客浮云。

匆匆而来，悠悠而去，
相会一时，不留下对方的影子。

道士背佛

有位道士在佛殿前背佛而坐。

寺僧对道士说："道士，请不要背佛而坐。"

道士回答说："佛无所不在，佛身充满法界。请问我该向什么处坐才对？"

寺僧无言以对。

遗钱不顾

隋朝益州净德寺富上禅师，每天戴大斗笠坐在街道旁诵经，没呼人布施。有人施舍他没致谢，也不祈福祝诵。

路人跟他说：“城西北人稠施舍多，你为何要在此化缘？”

富上禅师说：“每天化得一钱两钱，已足以生活，何必化缘更多？”

陵州刺史赵仲舒听说此事，故意骑马经过将钱包掉在他面前，富上禅师瞧都不瞧一眼，还是念经自若。刺史又令人将钱取走，禅师也视若无睹。

刺史问他："你整天只得一钱，贯钱在地，见人拿走，你为何不阻止？"

富上禅师说："钱财非贫道之物，为何要阻止？"

陵州刺史听了，下马致礼，叹服而去。

佛无所不在

有位禅师在佛殿里课诵时咳了一声，不小心将痰吐在佛像身上。

寺僧责骂他说：“岂有此理！怎么可以把痰吐在佛身上呢？”

禅师又咳了一下，对寺僧说：“佛无所不在，虚空之中哪里没有佛？我现在还要再吐痰，请问我该往哪里吐？”

智者的四句话

印度有个学僧问智者说：“如何让自己活在无苦境界？”

印度智者回答说：“把自己当成别人！”

学僧问：“如果我把自己当成别人，那要谁来当我自己？”

智者说：“把别人当成自己。”

学僧问：“做到这两点之后呢？”

智者说：“把别人当别人，把自己当自己。”

学僧问:“为何要做到把自己当别人,把别人当自己,把别人当别人,把自己当自己?”

智者说:“把自己当成别人则会达到无我,把别人当成自己则会心生慈悲,把别人当别人则是尊重爱,把自己当自己则是生命的智慧。能无我、慈悲、爱、智慧之时,即是抵达无苦的寂静彼岸。”

生活即是禅法

学僧问赵州禅师说："我是刚入门的求道者，诚恳地请求老师给予一些特别的指教。"

赵州说："你吃过早饭没有？"

学僧说："谢谢！用过了！"

赵州说："那么，去把自己的食器洗干净吧！"

学僧说："洗干净了。"

赵州说："将地清扫一下吧！"

学僧说："难道洗碗扫地之外，老师没有别的禅法教我吗?”

赵州禅师说:“我不知道除洗碗扫地之外,还有什么禅法?”

禅不是语言文字,不是鹦鹉学舌,修行要落实为生活。

文章非禅

宰相裴休是黄檗禅师的弟子，有一次裴休把自己注解佛经的文章，拿去向黄檗禅师请教，黄檗根本没有打开来看，放在一边。

过了一会儿，黄檗才问裴休："你了解了吗？"

裴休说："我不了解。"

黄檗说："你用我表示的方法去了解禅，或许还能把握一二，如果用文章去表达禅，就完全失去了禅的精神了。"

修佛

有一个人到深山寺院向禅师问道。

禅师问:“你到这儿来是干什么的?”

那人说:“我是来修佛的。”

禅师答:“佛没坏,不用修,先修自己。”

日本茶道鼻祖

虽然早在奈良时期日本已将茶引入，但并不盛行。日本禅宗开山祖师，建仁寺方丈荣西禅师于南宋时期数度到中国学禅，由中国携回茶种，种植于筑前背振山及博多圣福寺，又赠送高辨三粒种子栽植于母尾，不久分植于宇治，为宇治茶园之始，渐渐地使茶更广泛种植，荣西因此被尊为“日本的茶祖”。

宋朝时期禅法很流行，而茶具有遣困、消食、快意等功效，因此禅林逐渐有吃茶风气；吃茶礼仪、行法更成为禅门重要一环，于是有“茶禅一味”的说法。

荣西禅师将宋朝禅院的茶风引进日本，归国后首度于镰仓寿福寺、博多圣福寺、京都建仁寺等寺院，设立每日修行中吃茶风习。

公元1211年，荣西撰《吃茶养生记》一书，四年后，荣西禅师献二月茶，治愈源实朝将军的热病，从此日本茶风更为盛行。

茶禅一味

有一天，一休问弟子珠光说："要以什么规矩吃茶？"

珠光回答说："学习第一个把禅引进日本的荣西禅师的《吃茶养生记》，为健康而吃茶。"

一休便讲赵州吃茶去公案，然后问珠光说："关于赵州吃茶去，你有何看法？"

珠光默默地捧起自己心爱的茶碗，正准备喝的一刹那，一休突然举起铁如意棒，大喝一声将珠光的茶碗打破。

珠光向一休行礼离座，走到玄关时，一休叫了声："珠光！"

“是！”珠光答应后转过身来。

一休问道：“刚才我问你吃茶的规矩，如果抛开规矩无心吃茶时，将如何？”

珠光静静地回答：“柳绿花红。”

柳绿花红

一休门下，日本茶道鼻祖珠光，经由一休点拨，终于得到喝茶心境："柳绿花红。"

静静地欣赏、品尝正呈现于眼前的自然、人生滋味。茶味禅味，茶禅一味。

俱胝一指禅
俱胝刚出家不久，一个人住在草庵里自我修行。
有一天，一位法号实际的女尼来到庵里，绕着俱胝走了三圈……
你说得出一句，我就摘下斗笠。
这其中含有无比的禅机但到底是什么呢?
既然回答不出来。我便告辞了!

她到底要我说些什么呢？她的斗笠又代表什么？
我连个女尼都比不上，还有何颜面在此独自修行？
于是连夜收拾行李，决定天晓后即下山游方。
ZZZ
贫僧天龙，看你神色不定，莫非有什么不平？
!
俱胝便一五一十地叙述前日的奇遇。
我空有男人的身形，却没有大丈夫的气概，连个女尼的问题都回答不出来……

你想知道正确答案?
请大师开示!
一切真理就是这个!
在这气象万千的手指上。
一指是实际女尼的笑颜……
一指又化成百千众生的呐喊!
哇!
哇!
哇!
哇!
哇!

一指是潺潺的溪河，瞬间又化作千只彩蝶……
一指是高山峻岭，一指是危崖。
仿佛是寂寂不动的雄峰，迎面是泠泠盈耳的清风……
师父，我懂了，一即一切，一切即一。
师父！师父他走了……
从此，只要有人问俱胝禅师佛法，他即竖起一指示众。
就是这个！
“万殊一本，一本万殊。”天下万物有万种差别，但却来自一个本源；“天地一指也”，一指跟万物没有差别。

俱胝断指
就是这个!
后来，俱胝收了一个沙弥，经常在旁边看师父以指示众……
就是这个!
每当俱胝不在，他就竖起一指，代替师父回答问题。
师父，有人前来参拜问法，我就代你竖指回答了!
!
这是鹦鹉学舌，算什么禅?
哇哇哇!
童子!
什么是佛法?
!

师徒两人各伸出一指，
沙弥看到自己的断指，
刹那间，顿然开悟。
!
别人悟通体会的事理永
远不可能变成自己的，
除非你能从中自己悟通
才能纳为己用。
一切皆空
脾气不空
铁舟到处参访名师。一天，
他来到相国寺见独园和尚。
为了表示他的
悟境，他十分
得意。
心、佛以及
众生，三者
皆是空……
现象的真性是空。
无悟、无迷、无圣、
无凡、无施、无受。

当!
哎呀!
您干吗打我?
“无善无恶，不受苦乐，一切皆空。”连这一句都不足与外人道，铁舟拥有的不过是口头禅罢了。
一切皆空，哪来这么大的脾气?
茶杯禅理
哎呀!
一休禅师有一天打破了一个茶杯，这个茶杯是他师父非常喜爱的稀世之宝。
咳!
师父，人为什么一定要死呢?

这是自然的事，
世间的一切，
有生就有死。
师父！你的茶
杯死期到了。
嘻嘻嘻！
!
人生最可贵的是
“生”的过程，
有生自然会有死，
能看透人的生死，
自然也能看透物
的生死。
八风吹不动
一屁过江来
有一天苏东坡写了一首佛偈，
彰显自己通达佛理。
他很得意地派人将这篇佛偈
送到江北给佛印禅师看。
老师请你
过目这篇
偈子。
我瞧
瞧……

敢自称自己八风
吹不动?放屁!
大胆的老和尚,敢在
我偈子上批个屁字,
看我找你算账。
苏东坡呀!你不是自
称八风都吹不动你吗?
怎么一个屁字就把你
吹过江来了呢?
注:八风指
得、失、毁、
誉、称、讥、
苦、乐。
禅是一种层次,一种境界,
一种实践。而只落入语言、
文字的禅是野狐禅、
口头禅,跟真正的
禅沾不上一点边。

佛

什么是开悟？

很多人都误以为天才的创意由天而降，走在街上，会掉下来的只会是招牌，不会是创意的灵光乍现!

创意来自于问题陷入困境，终日苦思，然后突然解开关键。开悟也一样。

没有困境，便没有顿悟!
没有黑暗，就没有光明。

开悟的情况也跟突发奇想的创意有点像，五祖山法演禅师，曾对弟子讲过一个隐喻禅师开悟的故事——

有个小偷家族，儿子跟父亲说：“您年纪已大，得找个时间教我偷盗技术和秘诀，免得以后失传了。”

父亲说：“好。”

有一个晚上，父亲带儿子到一户人家行窃，进去后便将衣橱的锁打开。

父亲说：“你躲进衣橱，看我展现偷窃技巧。”

儿子进去后，他便把橱子锁起来，然后突然大喊：“有贼呀！有贼呀！”

父亲叫完，转身拔腿就跑。

这户人家听说有贼，赶紧搜查，但没看到小偷，也没遗失物品，因此又回去睡觉。

儿子被锁在橱里苦思脱身之计，灵机一动学老鼠咬衣裳的声音。一会儿听到房内太太叫丫鬟拿灯来看，当衣橱打开时，儿子赶紧将灯吹灭，一闪而去逃走了。

家丁发觉真有小偷，在后面追赶。追到一口井边，儿子拿起一块大石头抛入井中，自己绕道逃走。

儿子安全回家后，见到父亲便埋怨父亲陷害他。

父亲问他：“你怎么逃出来的？”

儿子把经过说了一遍。

父亲说：“你以后不愁没饭吃了，我的技术、秘诀都传授给你了。”

儿子听了，恍然大悟说：“当小偷的关键不在于偷，而在于安然逃离现场。”

开悟像这则故事一样，得自己亲自体悟，别人无法替代。

不是一番寒彻骨，

怎得梅花扑鼻香。

有一信徒问赵州禅师：“请问禅师，如何参禅才能悟道呢？”

赵州禅师被他一问，立刻从座位上站起来说：“我要去小便了！”

说完后起身走了几步，又回头对信徒说：“你看连小便这样的小事都还要我自己去，别人不能代替。”

禅宗讲求顿悟，顿悟出生命的实相！

我们无法改变过去，也无法兑现未来，只能掌握现在。生命的实相就是无我地融入于当下。

生命只在呼吸间

有一天，佛陀问弟子们说：“比丘们啊！你们说生命有多长？”

弟子说：“四十年。”

佛陀说：“不对，不对！”

另一位弟子说：“三十年？”

佛陀说：“不对。”

弟子们不解地问：“那么人生究竟有多长？”

佛陀说：“人生只在呼吸间。”

生命像火花一样，方生、方灭。

一刹那一刹那，生生相续。

过去一瞬间，不存在现在未来。

现在一瞬间，不存在过去未来。

未来一瞬间，不存在过去现在。

生命只存在呼吸顷刻间，只在现前。

时间是很微妙的，无论我们的一生还有多长，我们无法预支、无法储存。永远只能兑现刹那现前。开悟者们悟通当下，才是生命实相。

《景德传灯录》有三则故事，说明开悟者的心如何面对眼前情境：

1

唐朝药山禅师门下有两个弟子，一个叫云岩、一个叫道吾。

有一天，大家坐在郊外参禅，看到山上有一棵树长得很茂盛，绿荫如盖，而另一棵树却枯死了。

药山禅师想试探两位弟子的道行，于是问道吾说：“荣的好，还是枯的好？”

道吾说：“荣的好！”

再问云岩，云岩回答说：“枯的好！”

这时来了一位沙弥。

药山就问沙弥说：“树是荣的好呢，还是枯的好？”

沙弥说：“荣的任他荣，枯的任他枯。”

云岩、道吾的道行输给沙弥，开悟者心里没有自己，坦然接受变化的情境，树荣树枯都不放在心上。

2

学僧问洞山价良说：“寒暑到来时，该如何回避？”

洞山说：“你何不到无寒暑之处去？”

学僧问：“哪里是不冷不热之处？”

洞山说：“寒冷时，自己彻底地化为寒冷；酷热时，彻底地化为酷热。”

3

有一天正下着雨，镜清禅师问学僧说：“外面是什么声音？”

学僧回答说：“是下雨声。”

镜清禅师说：“众生颠倒，迷己逐物。”

学僧问：“老师，应该怎么感觉才对？”

镜清禅师说：“我就是雨声！”

洞山价良与镜清不愧为开悟的禅师，他们无我地融入于当下，没有冷热，不为情境所苦。

佛陀说：“涅槃是毕竟空。”

空不是一无所有，

空是一种无我境界。

无相曰空，

空即是无相。

如果我们站在自己的立场，去评估眼前情境，于是便有际遇的好坏顺逆，这就是有相。

如果我们能融入于变化时空，而没有自己，便是无相，便进入空境。

《金刚经》说：“凡所有相，皆是虚妄。离一切相，是名诸佛。”

所有当下都是一时条件聚合，随时变化不拘的。如果能无我地融入变化，便是开悟者。

空与有的对话

有问空说："空比有还要大是吗？"

空回答说："不是大，也不是小。"

有问空说："空比有还要高是吗？"

空回答说："不是高，也不是低。"

有问空说："不是大不是小，不是高不是低，那是什么？"

空回答说："空是一种境界，没有自己，空不与别人相比，空涵盖宇宙所有一切！"

生命是时间的微积分

问:“如何是过去之心不可得、现在之心不可得、未来之心不可得?”

答:“应无所住而生其心。”

问:“如何无所住?”

答:“无我、无我所。”

问:“无我、无我时,如何?”

答:“当下即是。”

问:“当下就是生命的实相?”

答：“生命只在呼吸间、就在刹那、就在现前。”

问：“请再明示一遍。”

答：“生命是时间的微积分。每个当下、刹那、瞬间就是微分，每个现前情境即是生命切片。无穷多数生命切片相加总和，就是一生的积分。”

我们无法明天去看云、去看鱼、去观水，因为看云、看鱼、观水的明天也是明天的今天。

如果我们不能融入于今日、此时、此地、此刻，就没有别的明天会来临。

因为来临的每一个明天、明天、明天，都只是当时的今日、此时、此地、此刻。

人的一生，便是由刹那、刹那、刹那相加累积而成。生命就在呼吸间，就在眼前！这便是生命的实相。

香严击竹
香严本是百丈门下的学生，他虽博通经典但始终未悟禅道。百丈死后，他便追随百丈的大弟子沩山。
你在先师百丈处听说是问一答十，问十答百，这是因为你聪明伶俐，智解辩捷。

但生死事大，请问你在父母未生前，你是怎样的?
这话问得香严茫然不知所对，便把平时看过的书翻遍，也找不到答案。
画饼究竟不能充饥啊……
请你替我说破这个秘密吧!
如果我现在替你解说，将来你一定会骂我。
就算是我说了，我所说的还是我的，绝不会变成你的。

这辈子我不再学佛法了，还不如去做一个到处化缘乞食的和尚呢。
缘
于是他到处云游。一次，他暂住在慧忠国师的遗迹古寺里……
佛
缘
他正在锄草时，偶然抛一块瓦砾，击中了竹子。
当！
清脆的一声，终使得香严顿然大悟。
当香严听到清脆的竹声时，听者与声音已不再分立，而是音人合一，当时就是全世界。
师父，你对我的恩惠胜过父母，如果当时你为我说破，哪有今天的顿悟呢！

溪声即是入处

另有一次，一个和尚千里迢迢来请玄沙师备禅师指引入道之路。

玄沙师备禅师问他：“你刚才进山时，有听到潺潺溪水声吗？”

和尚说：“听到了。”

玄沙师备禅师说：“这就是你的入道之处。”

傅大士讲经
（生于公元497年）
善慧即是闻名的傅大士，
是一位出色的禅宗先锋。
有一次梁武帝请
善慧讲《金刚经》。
砰！
他上台拍了一下惊堂木，
便下台了。
？
你了解吗？
完全不了解。

送一轮明月
有一个小偷到良宽禅师的茅庐偷东西，结果发现没有一样值钱的东西。
！
！
你远道而来，不该让你空手而回，这件衣服你带走吧。
可怜的家伙，可惜我不能把这美丽的月亮也送给他！
隔天清晨，良宽禅师开门时发现，外袍折叠得整齐地放在门口。
良宽禅师愉快地说：
“终于把一轮明月送给他了！”

墨竹朱竹
有人请一位画家
画一幅竹。
太好了!
太棒了!
可是颜色错了,
你将竹子画成
红色了……
你想画
什么颜
色的呢?
当然是
黑色的。
有谁见过黑色
的竹子呢?
!
当你指责别人的错
误时,很可能你自
己所抱持的观念也
是错误的,还自以
为对呢!

修行的目的

人生是件简单的事，是我们自己把它弄得很复杂的。

“只有死掉的鱼才随波逐流！”

鱼从来都不思考“水是什么？水为何要流？水为何不流”这些只会徒增困扰的无谓问题。

鱼只有最简单的问题：“我要不要游？如何游？游到哪里？游到那里做什么？”

人是矛盾的！既期盼能出类拔萃、鹤立鸡群，却又生怕自己与众不同。每个人都生而与众不同，每个人都有独特的一面。如果我们不发挥自己独特的一面，而行为、习惯、价值观与大家都一样，却又期望自己能出类拔萃，这岂不是非常矛盾？

人在自己的一生中，常自陷于无明的忧郁深渊，无法跳脱出来。

人也常走进一条没有出口的道路，走到尽头才发现，原来这根本不是自己要的人生之道。

一个人应如何才能不随波逐流？

有多少人在人生的一开始就想通：

我是谁？
我从哪里来？
我要去哪里？

我们来这一辈子到底为的是什么?

每天为生活而忙，所为何来?

难道我们只能被动地随着生活的脚步行动?而不能率性唱出自己的生命之歌?随着内心的节奏、韵律自己独舞?

每个人都生自父母……

但是每个人还要把自己重生一次。

如同父母只生下我们的身体，

而我们还要为自己灌进精神。

每个人身体的条件都相差不大，

但每个人的想法却相差十万八千里。

鸡寒上树，鸭寒入水。

海是龙世界，云是鹤家乡。

鱼要在水中才能生存，
鸟要翱翔天空才快乐。

每艘船都能航行于水域，
每艘船都有属于自己的彼岸。

每个人在人生之始，便应想清楚自己行进的水域与航道。朝向自己的人生彼岸迈进。

无论一生还有多少旅途，
每一步都得自己亲自走。

无论一生还有多少日子，
每一天都得自己亲自过。

修行的目的是什么？或许每个人各有不同理由，但无外乎想通生命是什么，人来此一生为的是什么。

佛陀说："通往彼岸和通往红尘是同一条路，只是方向不同。"

每个人都有自己的路，
每条路都有自己的不同貌。

天堂与地狱、红尘与彼岸是同一条路，
只是方向不同！

人有千万种，悟道法门也有千万种；
得道之后的体悟也是人人不同。

有一次，法演禅师打水时，发现泥沙堵住泉水出口，法眼问学僧们说："泉眼不通，是被泥沙堵塞；我们的道眼不通，是被什么塞住了呢？"

僧众闻言都无法回答。

法眼演说："被自己的眼睛塞住了。"

我们有眼睛看不到，有耳朵听不到，常被自己的心所迷惑。佛陀开悟时说：

眼睛睁开了，
光明睁开了，
知识睁开了，
智慧睁开了，
巧善睁开了。
从前有眼睛看不到真实，
而今实像历历在眼前。

开悟的禅师接引弟子，令他们开悟得道的法门无非是让弟子能明心见性。然而师父领进门，成就要看个人。

侍者为南阳慧忠国师服务三十年，国师想报答他，帮助他开悟。

有一天，慧忠国师呼唤道：“侍者！”

侍者回答说：“国师！做什么？”

国师说：“不做什么！”

过了一会儿，国师又叫道：“侍者！”

侍者立刻回答道：“国师！做什么？”

国师又无可奈何地道：“不做什么！”

如是多次，国师改口叫道：“佛祖！佛祖！”

侍者茫然不解地问道：“国师！您叫谁呀？”

国师不得已，便明白地说：“我在叫你！”

侍者不明就里：“我是侍者，不是佛祖！”

慧忠国师摇摇头，对侍者说：“将来你可别怪我辜负你。”

侍者说：“国师！无论如何我都不会辜负您，您也不曾辜负我呀！”

慧忠国师叹气说：“你已经辜负我了。”

频频唤汝不归家，贪向门前弄土沙。

每到年年三月里，满城开尽牡丹花。

大珠慧海向马祖道一禅师问道。

马祖问：“你从哪里来？”

大珠慧海说：“我从越州大云寺来。”

马祖问：“来这里做什么？”

大珠慧海说：“来求佛法。”

马祖说：“我这里一点东西都没有，还有什么佛法可求？你自己有宝藏还来向我求。”

大珠慧海说：“什么是我的宝藏？”

马祖说："自家宝藏就在你身上，你都不知道，我怎么给你？"

想通事理，发现自我，全在于自己。人往往骑驴找驴，走出大门愈远就愈迷失自己。

法融禅师是禅宗四祖道信的门徒，住牛头山弘传牛头禅法，传了六世，前后八十余人。

法融皈依道信前，是一位学问僧。在牛头山幽栖寺北岩下潜修禅观。

有一天，道信到牛头山拜访法融，两人于禅堂之外的石矶上闲坐聊天，这时很多只法融饲养的虎狼围绕法融身旁。道信装出害怕的样子，举起双手。

法融禅师见了便说："你还有这个在吗？"

法融回房后，道信在法融座上写个“佛”字。法融忙完了自己的事，出禅房刚要落座，发现座上有个大大的佛字，口中念念有词：“阿弥陀佛，险些侮辱了佛祖！”

道信在一旁哈哈大笑道：“你也还有这个在吗？”

法融当下大悟，立即放弃平生所学，皈依了四祖道信。

道信对法融说：“百千法门，同归方寸；河沙妙德，总归心源。”

法融说：“是的，一切在于本心。”

道信说：“戒、定、慧不离于本心，无菩提可求，你今天已经得道，与诸佛无有差别！”

法融问道："既然心已具足一切千万法门，那么心与佛有何分别呢？"

道信禅师说："如果无心，就无法起疑问佛，问佛的疑心就是觉心。"

法融说："一有造作，即离本心，不可生起观行，那么境界起时，该如何对治？"

道信说："一切情境无好坏之分，是我们的心强做分别。如果心不强加各种美丑、好坏、净秽，面对情境时，心应如空谷飞鸟，如深潭雁影；鸟行空无痕，雁去潭无迹。"

人的心被自我渴望贪欲和周边事物所迷惑，痛苦烦恼来自于不明事理的那颗心。

在宇宙中，人是什么?

对无穷而言他是空无，

对空无而言他是一切!

人站在过去与未来之间，

掌握当下、刹那、瞬间!

如果一个人真能找到自己、找到自己的人生之道，那么便达到彼岸，处于解脱自在清净之道的无苦境界!

佛窟惟则禅师出家后，在浙江天台山翠屏岩的佛窟庵修行。他用落叶铺盖屋顶，结成草庵，以清水滋润咽喉，每天只在中午采摘山中野果以充腹饥。

有一天，一个樵夫路过庵边，见到一个修道老僧，好奇地向前问道:“你在此住多久了?”

佛窟禅师说："已经四十寒暑。"

樵夫又问："你一个人在此修行吗？"

佛窟禅师说："丛林深山一个人已嫌多，还要那么多人干什么？"

樵夫再问："你没有朋友吗？"

佛窟禅师以拍掌作声，很多只虎豹由庵后走出来，樵夫大惊。

佛窟禅师说："不要怕。"

示意虎豹仍退庵后，佛窟禅师说："我的朋友很多，大地山河，树木花草虫蛇野兽，都是我的法侣。"

松广寺是韩国三大古寺之一，寺郊设有“佛立茅棚”，住了一个得道的僧人，经常有信徒前往参谒请法。

有一天，有位信徒慕名前去，看到禅师便问：“您就是松海禅师吗？”

松海禅师：“不是我还有谁？”

信徒又问：“您一个人住在这荒山野外，不会太孤单吗？”

松海禅师说：“山中有这么多的树木草花、禽鸟野兽，哪会孤单？”

信徒说：“我在门外等了很久，以为禅师在内中午睡。”

松海禅师只是笑笑回答说："螺蛳蚌壳类一睡一千年，住在这种地方时间宝贵，哪能睡午觉浪费时光？"

信徒问："禅师，您每天都做什么？"

松海禅师淡淡地说："不做什么。"

信徒问："不做什么？不是很无聊吗？"

松海禅师说："鸟语花香、蛙叫虫鸣，大家都忙得不亦乐乎。"

千锤万凿出深山，烈火焚烧若等闲；
粉身碎骨浑不怕，要留清白在人间。

云门禅师问学僧说："我不问你们十五日

月圆以前如何，我只问十五日以后如何？”

学僧们说：“不知道。”

云门说：“日日是好日！”

春有百花秋有月，夏有凉风冬有雪；
若无闲事挂心头，便是人间好时节。

凡事都有好的一面与坏的一面，
只看到坏的，只好自哀自怨；
能同时也看到好的，即能日日是好日。

禅：是人生最大的觉悟！

当我们悟出生命的实相之后，便能正确地踩出过去、现在、未来的每一个脚步。

禅师说：“我们处于任何情境时，要应无所住而生其心。”

弟子问：“无住，无住在哪里？”

禅师回答说：“任何时、任何处，都无所住。”

人生第一个开悟是自我发现“自己的天赋”。

我们打开门走出去，
是因为我们知道自己要去哪里。

而我们的整个人生到底要怎么走？
要往哪里去？要达成什么？
走了半辈子竟然还不知道，
岂不是很荒谬？

人一生最重要的思考是："我有幸来到此世，而这辈子的我，应该如何自处？"

如果我是鱼，深渊便是我的天堂。
如果我是鸟，天空才是我的乐园。
天堂就是：把自己摆在对的地方。

哀莫过于错认自己的角色：
鱼自以为自己是鸟，鸟自以为自己是鱼。

天堂就在凡间，
红尘即是彼岸！

让鱼当鱼、让鸟当鸟，
就是天堂！

在让鱼当鸟、让鸟当鱼，

就是地狱！

我们是自己的天堂，
我们是自己的地狱。

天堂与地狱就在我们的六尺之躯。

摆自己在错误的位置上，便坠入地狱！摆自己在正确的地方，便置身天堂！

然而世间有多少人真正能在一开始便做好正确的选择？然后无悔地尽情做自己、走属于自己的人生之路？

禅师对弟子说：
在这里你学不到禅，
你只会学到如何思考，
你学不到知识，

你只会得到智慧，

你得不到文凭，

你只会学到真本领。

禅，是了悟生命实相之后的生活态度。

点燃心中的黎明，做自己的灯，指引自己的道路。

先后有序
一位富人向仙崖和尚求墨宝……
父死
子死
孙死
仙崖和尚
哇!
我是请你写吉祥好词，你怎么开这种玩笑?
这是好词呀!
假如你的儿子先你而死，你将十分悲痛，假如你的孙子在你儿子之前死了，你父子将十分悲痛!
如果你家人一代一代地照我写的次序死，那叫作享尽天年，这才是真正的兴旺啊!
有道理!
生为徭役，死为休息。“死”像一个游子回到家一样。人人能享尽天年，按次序死不正是更大的福气吗?

虚空不眨眼
他在慧能处印证了以后，
便到南阳的白崖山度了
四十余年，从未离山一步。
公元 761 年，肃宗邀请他到
京城，尊为国师。

在一次法会上，肃宗向他问了很多问题，他却不看肃宗一眼。
我是大唐的天子，你居然不看我一眼。
皇上可曾看到过虚空?
看到了呀。
那么请问虚空可曾对你眨过眼?

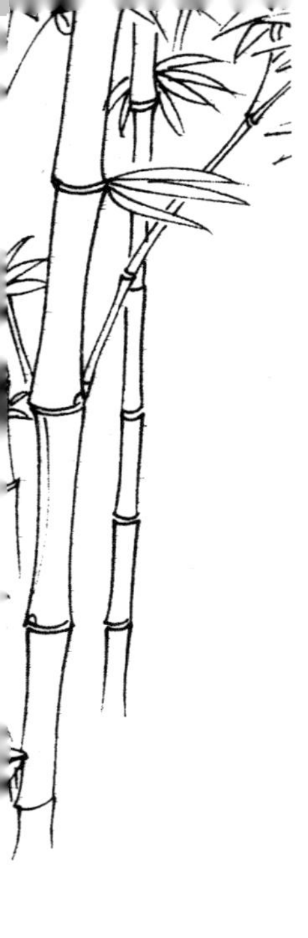

一日不作
一日不食
百丈活到九十四岁高龄，还与门人一起工作。门人不忍看他太劳累，就把他的工具藏起来。
咦，我的工具呢？
嘻。
师父吃饭啊……
一连三日百丈没有做工，但也没有吃东西。
不吃！
师父！工具还给您。
谢谢。
百丈因为工作了，
也就不再绝食了。
真饱！
一日不作，一日不食。
有能力工作而又有工作做，天福也；没有能力工作而又可以不必工作，天福也。

吾无隐乎尔
禅宗的究竟奥义是什么？
《论语》上说："吾无隐乎尔。"禅对你也没有什么隐藏。
我还是不懂。
跟我到后山走走……
你有没有闻到木樨香？
没。
那么我也没有隐藏你什么。
!
把握现在，体悟当前，别错过人生中的每一事、每一物。夜夜是春宵，日日是好日。

针锋相对
有两座禅院比邻而居，各有一名小沙弥；其中的一个每天早晨到市场买菜时，总会碰到另一个。
你要到哪里去？
脚到哪里，我到哪里。
下次他仍这么回答时，你就问他：“如果没有脚，你到哪里？”
这下他定回答不了。
你要到哪里去？

风到哪里，
我到哪里。
舌战又输了！
他不说脚，改说风了……
下次你问他：“假使没有风，你到哪里？”
好！
你要到哪里去？
我到市场去。
!
哇！ 又 输了……
以变制变，将愈逐愈远，以不变应万变，变的伎俩有尽，不变的方法无穷。

云想衣裳
花想容
未悟之前：
鱼儿想飞，
鸟儿想
潜水；
开悟之后：
云在青天，
水在瓶中。
你是铁砧时，应屹立不摇；
你是铁锤时，应奋力敲击。
你是鱼时，畅游水域；
你是鸟时，翱翔天际。

跋

莫让自己空在人间走一回

我们有幸来此一生，虽然生命难得、人生难得。但大多数人都浑浑噩噩毫无计划匆匆过此一生。有多少人能在一开始便先想清楚这难得的一生应该怎么走?

难道非得等到夕阳将尽，我们即将死亡离去之时，才再后悔、懊恼不已?

人生是什么?

人生有什么目的?

人的一生到底应该怎么过?

相信大多数人都曾在自己的人生旅途中，思考过这个“人生大问”！但有多少人真正想通人生问题？然后完完全全依自己正确的想法去实践自己的一生？

每个人的内心深处都有一块心灵圣地！每个人都应往自己内心深处寻找属于自己的那块净土。而哪里才找得到我们内心深处的那块寂静净土？

地位、财富、权力，这些世人所看重追求的东西，在开悟禅师眼里只不过是朝露。

北宋五子之一的周敦颐也对禅很感兴趣，他晚年住在庐山莲花峰下，佛印禅师住持庐山归宗寺，周敦颐常到寺院参访佛印禅师。

有一天，周敦颐问佛印禅师说：“《中庸》说‘天命之谓性，率性之谓道’。为何禅宗说‘无心是道’？”

佛印禅师说：“疑则别参！”

周敦颐说：“参则不无，究竟‘道’是什么？”

佛印禅师说：“满目青山一任看！”

周敦颐听后满心欢喜，对佛印更加敬佩了。

又有一次，周敦颐看到窗外嫩草生机盎然，心中若有所悟。不禁赞叹："这正是我心中的意境啊！"

于是写了一首诗偈呈给佛印禅师：

昔本不迷今不悟，心融境会豁幽潜；
草深窗外松当道，尽日令人看不厌。

佛印禅师也以一首诗偈应和：

大道体宽无不在，何拘动植与飞潜；
行观坐看了无碍，色见声求心自厌。

周敦颐终于体会禅的境界，“满目青山一任看，行观坐看了无碍”的人生态度才是正确的。

不经历风雨，怎能见彩虹

鉴真大师刚出家时，方丈让他当化缘的行脚僧。有一天，日已三竿，鉴真依旧长睡不起。

方丈叫醒鉴真问：“你今天为何不外出化缘？”

鉴真说：“因为昨夜下雨，今天路上泥泞不易行。”

方丈说：“随我到寺前路上看看吧。”

寺前黄土坡，路面泥泞不堪。

方丈说："你要做撞钟和尚，还是想做光大佛法的名僧？"

鉴真答："我想做名僧。"

方丈说："昨天你走这条路回来的？"

鉴真说："是呀。"

方丈问："找得到你的脚印吗？"

鉴真说："昨天这条路又干又硬，哪能留下脚印？"

方丈说："如果今天在这路上走一趟，能找到你的脚印吗？"

鉴真说："当然能。"

方丈说："泥泞路才能留下脚印，不经风雨有如踩在硬马路上，什么也没有留下。"

鉴真恍然大悟，后来鉴真终于成为传法日本的名僧。

问："开悟者无法形容心中感受，像什么？"

答："哑巴吃蜜！"

问:“没有开悟,却说得头头是道,那又像什么?”

答:“鹦鹉学舌。”

问:“为何到处有人宣称自己开悟?”

答:“在没有马的国度里,驴子误以为自己是马。”

问:“什么是生命实相?”

答:“当下即是。”

问:“开悟后的境界如何?”

答："如人饮水，冷暖自知。"

希望各位读者看完这本书后，能对禅有更深的了解，使自己成为走在泥泞路上的一匹马。

版权登记号：01-2015-8118

图书在版编目（CIP）数据

开悟者的微笑：禅解密 / 蔡志忠著 .—北京：现代出版社，2020.1
（蔡志忠经典解密系列）
ISBN 978-7-5143-8055-2

Ⅰ. ①开… Ⅱ. ①蔡… Ⅲ. ①佛教—人生哲学—通俗读物
Ⅳ. ① B948-49

中国版本图书馆 CIP 数据核字（2019）第 216105 号

开悟者的微笑：禅解密

作　　者	蔡志忠
责任编辑	赵海燕　毕椿岚
出版发行	现代出版社
通信地址	北京市安定门外安华里 504 号
邮政编码	100011
电　　话	010-64267325　64245264（传真）
网　　址	www.1980xd.com
电子邮箱	xiandai@vip.sina.com
印　　刷	三河市宏盛印务有限公司
开　　本	880mm × 1230mm　1/32
印　　张	7
字　　数	88 千字
版　　次	2020 年 1 月第 1 版　2020 年 1 月第 1 次印刷
书　　号	ISBN 978-7-5143-8055-2
定　　价	39.80 元

– 蔡志忠经典解密系列 –

· 菩提树下的微笑:《金刚经》解密
· 智慧彼岸的微笑:《心经》解密
· 开悟者的微笑: 禅解密
· 田园的微笑:《菜根谭》解密
· 自然箫声的微笑:《庄子》解密
· 仁者的微笑:《论语》解密
· 孔子纪行